aft

Hanna Renz

Brezeln

selbst backen

Wenn am Sonntagmorgen
das ganze Haus
nach frisch Gebackenem duftet
und Sie die selbst geformten Brezeln
aus dem Ofen ziehen, dann
ist schon das Frühstück ein Fest.

Inhaltsverzeichnis

Das Rezept zum Titelbild finden Sie auf Seite 5.

Schwäbische Laugenbrezel

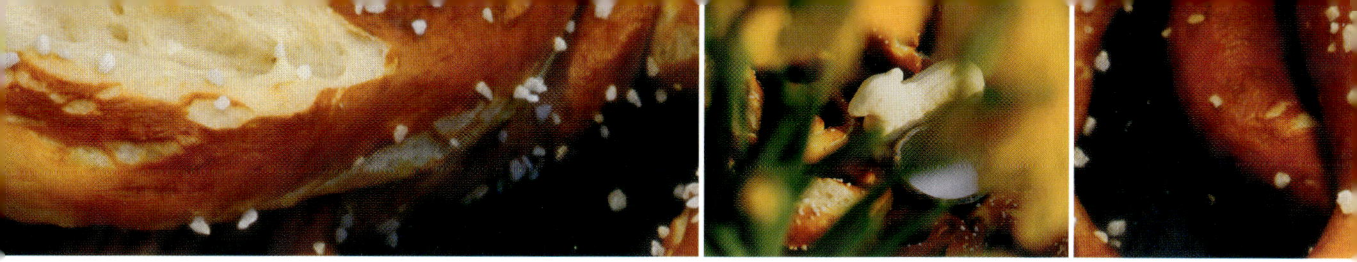

Zutaten

Teig

500 g Weißmehl
1 Würfel Hefe (42 g)
250 ml warme Milch
50 g Butter
1–2 TL Salz

Lauge *

50 ml Milch
1 schwach gehäufter
EL Natron

* Laugenherstellung
Nr. 1 oder 2 (Seite 44/45)

Verzierung

Gekörntes Salz

Backblech

Fett oder
Backpapier

Zubereitung

herzhaft

1 Das Mehl in eine Schüssel sieben und in die Mehlmitte eine Mulde eindrücken.

2 Die Hefe in etwas warmer Milch auflösen und in die Mulde schütten. Die in Stücke geschnittene Butter und Salz auf dem Mehlrand verteilen. Zugedeckt ca. 15 Min. ruhen lassen.

3 Die restliche warme Milch dazugeben und zu einem glatten Teig kneten. Den Teig in 8–10 Stücke teilen und nochmals zugedeckt ca. 20 Min. ruhen lassen.

4 Den Backofen auf 180 Grad C (Umluft: 160 Grad C) vorheizen. Das Backblech fetten oder mit Backpapier auslegen.

5 Aus den Teigstücken Brezeln formen.

6 Natronlauge wie beschrieben anwenden. Brezeln auf das Backblech setzen.

7 Die Brezeln einschneiden und das gekörnte Salz darüber streuen. Auf der mittleren Schiebeleiste 15–20 Min. backen.

8 Vorsichtig vom Backblech nehmen und etwas abkühlen lassen.

Ergibt 8 bis 10 Schwäbische Laugenbrezeln

Kümmelbrezel

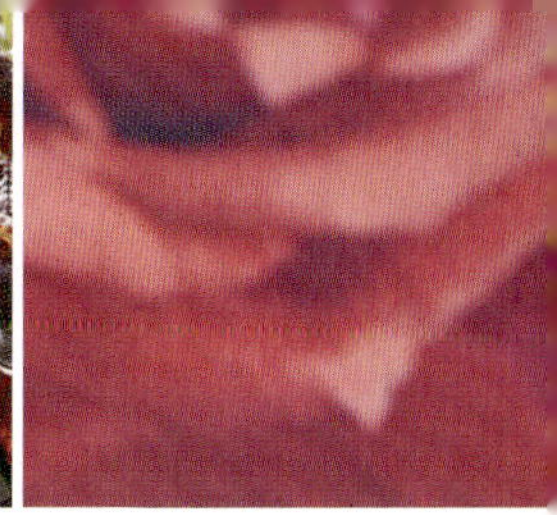

Zutaten

Teig

350 g Mehl Typ 405
25 g Hefe
125 ml warme Milch
1/2 TL Salz
2 Eigelb
100 g geriebener Appenzeller Käse
125 g Butter

Verzierung

1 Ei
etwas Milch oder Kondensmilch
1 EL gekörntes Salz
50 g geriebener Appenzeller Käse
1 TL Paprikapulver
1 EL Kümmel

Backblech

Fett oder Backpapier

Zubereitung

herzhaft

1 Das Mehl in eine Schüssel sieben und in die Mehlmitte eine Mulde eindrücken. Die Hefe in warmer Milch auflösen und in die Mulde schütten. Zugedeckt ca. 15 Min. ruhen lassen.

2 Die restliche warme Milch, Salz, Eigelb, Käse und in Stücke geschnittene Butter dazugeben. Alles zu einem glatten Teig kneten und nochmals zugedeckt 30 Min. ruhen lassen.

3 Den Backofen auf 180 Grad C (Umluft: 160 Grad C) vorheizen. Das Backblech fetten oder mit Backpapier auslegen.

4 Den Teig auf einer bemehlten Arbeitsfläche zu einem dünnen (ca. 3–5 mm dicken) Rechteck ausrollen und in 2 cm breite Streifen schneiden. Die Streifen spiralenförmig drehen und zu Brezeln formen.

5 Das Ei mit etwas Kondensmilch oder Milch verquirlen. Die Brezeln damit bestreichen und mit Salz, Käse und Gewürzen bestreuen.

6 Auf der mittleren Schiebeleiste 20–25 Min. backen. Zum Abkühlen vorsichtig auf ein Gitter legen.

Ergibt 8 bis 10 Kümmelbrezeln

Brotbrezel

Zutaten

Teig

250 g Mehl Typ 1050
125 g Weizen-Vollkornschrot
75 g Roggenmehl
2 EL Sonnenblumenkerne
2 EL Leinsamen
2 EL Sesam
2 EL Sojaschrot
1 EL Fertigsauerteig
1 EL Salz
1/2 Würfel Hefe (20 g)
250 ml warmes Wasser

Backblech

Fett oder Backpapier

Zubereitung

herzhaft

1 Das Mehl in eine Schüssel geben und in die Mehlmitte eine Mulde eindrücken. Die Hefe in etwas warmem Wasser auflösen und in die Mulde schütten. Zugedeckt ca. 15 Min. ruhen lassen.

2 Körner, Schrot, Fertigsauerteig, Salz und das restliche warme Wasser dazugeben und alles gut durchkneten. Den Teig in 8–10 Stücke teilen und nochmals zugedeckt ca. 20 Min. ruhen lassen.

3 Den Backofen auf 200 Grad C (Umluft: 180 Grad C) vorheizen. Das Backblech fetten oder mit Backpapier auslegen. Die Teigstücke ausrollen, Brezeln formen und auf das Backblech legen.

4 Auf der mittleren Schiebeleiste 15–20 Min. backen. Vorsichtig vom Backblech nehmen und abkühlen lassen.

Ergibt 8 bis 10 Brotbrezeln

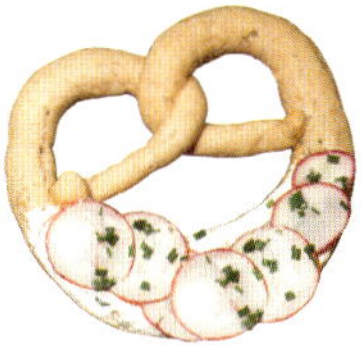

Kaisers Brezel

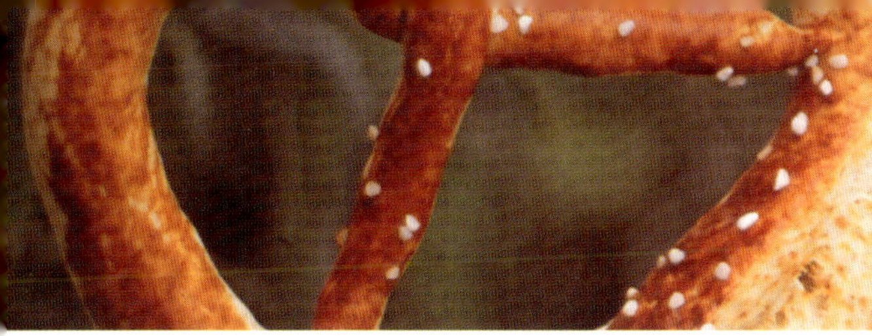

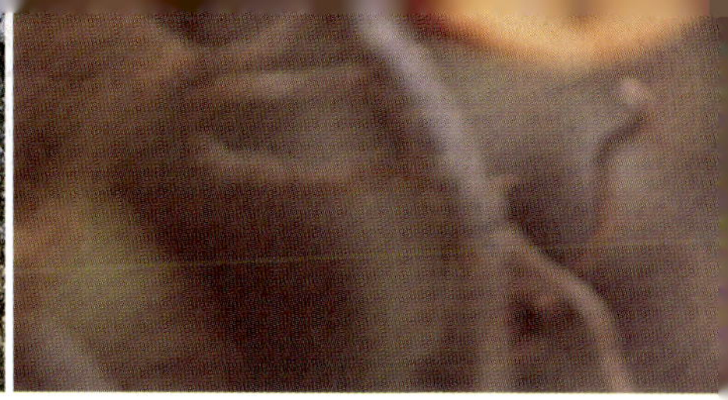

Zutaten

Teig

500 g Weißmehl
1/2 TL Backpulver
1 TL Natron (Kaiser-Natron)
60 g weiche Butter
1 TL Salz
250–300 ml Buttermilch

Lauge *

50 ml Wasser
1 gehäufter EL Natron

* Laugenherstellung Nr. 1 oder 2 (Seite 44/45)

Verzierung

Gekörntes Salz

Backblech

Fett oder
Backpapier

Zubereitung

herzhaft

1 Den Backofen auf 180 Grad C (Umluft: 160 Grad C) vorheizen. Das Backblech fetten oder mit Backpapier auslegen.

2 Mehl, Backpulver und Natron auf das Backbrett sieben. In die Mehlmitte eine Mulde eindrücken. Die in Stücke geschnittene Butter auf dem Mehlrand verteilen.

3 Salz und Buttermilch in die Mulde schütten und alles schnell zu einem gut homogenen Teig kneten. Den Teig in 10–12 Stücke teilen und sofort zu Brezeln formen.

4 Natronlauge wie beschrieben anwenden.

5 Brezeln auf das Backblech setzen. Mit einem scharfen Messer die Brezeln einschneiden. Salz darüber streuen und auf der mittleren Schiebeleiste 15–20 Min. backen.

6 Nach dem Backen die Brezeln noch ca. 5 Min. auf dem Backblech ruhen lassen, dann vorsichtig herunternehmen und auskühlen lassen.

Ergibt
10 bis 12 Kaisers
Brezeln

Kräuterbrezel

herzhaft

Zutaten

Teig

500 g Weißmehl
1 Würfel Hefe (42 g)
1 Prise Zucker
100–150 ml warme Milch
50 g Butter oder Margarine
100 g gewürfelte Zwiebel
1 Knoblauchzehe
2 Eier
1/2 TL Salz
4 EL gehackter Dill
1 TL Anis
1/2 TL Fenchel
1/2 TL Rosmarin

Verzierung

50 ml Milch
200 g Frischkäse
1 Bund gehackte frische Gartenkräuter

Backblech

Fett oder Backpapier

Zubereitung

1 Das Mehl in eine Schüssel sieben und in die Mehlmitte eine Mulde eindrücken. Hefe und Zucker mit etwas warmer Milch auflösen und in die Mulde schütten. Die in Stücke geschnittene Butter oder Margarine auf dem Mehlrand verteilen und zugedeckt ca. 15 Min. ruhen lassen.

2 Die restliche warme Milch, Zwiebel, kleingeschnittener Knoblauch, Eier, Salz und Gewürze dazugeben und zu einem glatten Teig kneten. Den Teig in 6–8 Stücke teilen und nochmals zugedeckt ca. 20 Min. ruhen lassen.

3 Den Backofen auf 180 Grad C (Umluft: 160 Grad C) vorheizen. Das Backblech fetten oder mit Backpapier auslegen.

4 Aus den Teigstücken Brezeln formen, auf das Backblech legen und 15 Min. ruhen lassen. Mit Milch bestreichen und auf der mittleren Schiebeleiste 10–20 Min. backen. Vorsichtig vom Backblech nehmen und abkühlen lassen.

5 Frischkäse mit Milch und den gehackten Kräutern vermischen, die erkalteten Brezeln damit verzieren oder dazu reichen.

Ergibt 6 bis 8 Kräuterbrezeln

Sonntagszopf-Brezel

Zutaten

Teig

1 kg Weißmehl
1 Würfel Hefe (42g)
400–500 ml warme Milch
1 TL Zucker
200 g Butter
1 EL Salz
1 Eigelb

Verzierung

1–2 Eigelb
2 TL Kondensmilch
etwas gekörntes Salz

Backblech

Fett oder
Backpapier

Zubereitung

herzhaft

1 Das Mehl in eine Schüssel sieben und in die Mehlmitte eine Mulde eindrücken. Die Hefe mit Zucker in etwas warmer Milch auflösen und in die Mulde schütten. Zugedeckt ca. 15 Min. ruhen lassen.

2 Die Butter in einem Topf schmelzen lassen und vom Herd nehmen. Die Milch mit einem Schneebesen unterrühren und mit dem Salz und Eigelb zum Mehl dazugeben. Gut durchkneten und schlagen bis der Teig Blasen wirft. Zugedeckt nochmals 30 Min. ruhen lassen.

3 Den Backofen auf 180 Grad C (Umluft: 160 Grad C) vorheizen. Das Backblech fetten oder mit Backpapier auslegen.

4 Den Teig in 3–4 Stücke teilen und jedes Teil in 70–80 cm lange Stränge ausrollen. Die Stränge nebeneinander legen, in der Mitte beginnend zu jeder Seite hin flechten und das Ganze zu einer Brezel ohne Knoten formen.

5 Die Brezel auf das Backblech legen und ca. 30 Min. abgedeckt ruhenlassen. Das Eigelb mit Kondensmilch verrühren, die Brezel bestreichen und mit gekörntem Salz bestreuen. Auf der mittleren Schiebeleiste 30–40 Min. backen.

Ergibt 1 bis 2 Sonntagszopf-Brezeln

6 Sollen daraus 2 kleinere Brezeln gebacken werden, ist der Teig vor dem Flechten entsprechend in 6 oder 8 Stücke zu teilen, die Stränge auf ca. 50–60 cm auszuführen und die Backzeit auf 25–30 Min. zu reduzieren.

Bauernvesper-Brezel

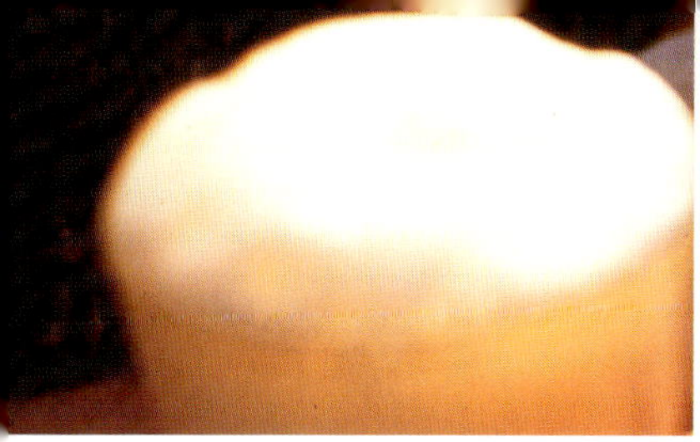

Zutaten

250 g Mehl Typ 1050
100 g Roggenmehl
150 g Dinkel-Vollkornmehl
1 TL Salz
1/2 Würfel Hefe (20 g)
250–300 ml warmes Wasser

Verzierung

Mehl

Backblech

Fett oder
Backpapier

Zubereitung

herzhaft

1 Das Mehl in eine Schüssel geben und in der Mitte eine Mulde eindrücken. Die Hefe in etwas warmem Wasser auflösen und in die Mehlmulde schütten. Salz auf dem Mehlrand verteilen. Zugedeckt ca. 15 Min. ruhen lassen.

2 Das restliche warme Wasser dazugeben und zu einem glatten Teig kneten. Den Teig in 8–10 Stücke teilen und nochmals zugedeckt ca. 20 Min. ruhen lassen.

3 Den Backofen auf 180 Grad C (Umluft: 160 Grad C) vorheizen. Das Backblech fetten oder mit Backpapier auslegen.

4 Die Teigstücke ausrollen und in Mehl wälzen, dann zu Brezeln formen und auf das Backblech legen.

5 Auf der mittleren Schiebeleiste 15–20 Min. backen und vorsichtig vom Backblech nehmen.

Ergibt 8 bis 10 Bauernvesper-Brezeln

Kartoffelbrezel

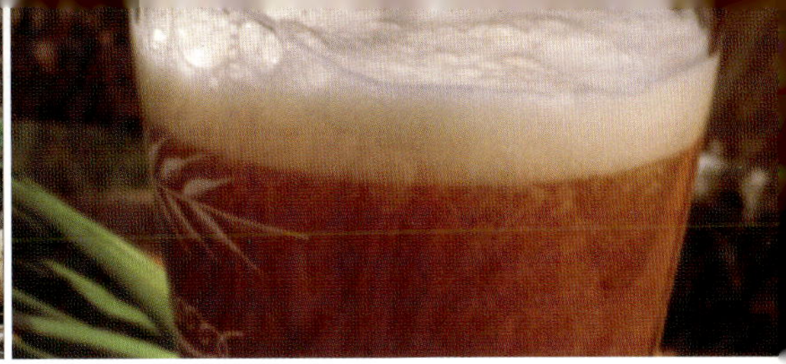

Zutaten

Teig

500 g Mehl Typ 1050
25 g Hefe
1 TL Salz
2 mittelgroße gekochte und geschälte Kartoffeln
200 – 250 ml warmes Wasser

Lauge *

50 ml Wasser
1 EL Natron

* Laugenherstellung Nr. 1 oder 2 (Seite 44/45)

Verzierung

Gekörntes Salz

Backblech

Fett oder Backpapier

Zubereitung

herzhaft

1 Das Mehl in eine Schüssel sieben und in die Mehlmitte eine Mulde eindrücken. Die Hefe in etwas warmem Wasser auflösen und in die Mulde schütten. Zugedeckt ca. 15 Min. ruhen lassen.

2 Die Kartoffeln reiben und mit dem restlichen Wasser verrühren. Mit dem Salz zum Mehl geben und zu einem Teig durchkneten.

3 Den Teig in 8–10 Stücke teilen und nochmals zugedeckt ca. 20 Min. ruhen lassen.

4 Den Backofen auf 180 Grad C (Umluft: 160 Grad C) vorheizen. Das Backblech fetten oder mit Backpapier auslegen.

5 Aus den Teigstücken Brezeln formen und auf das Backblech legen.

6 Natronlauge wie beschrieben anwenden.

7 Die Brezeln mehrmals senkrecht einschneiden und mit Salz bestreuen.

8 Auf der mittleren Schiebeleiste 15–20 Min. backen. Die Brezeln vorsichtig herunternehmen und auf einem Gitter abkühlen lassen.

Ergibt 8 bis 10 Kartoffelbrezeln

Pizzabrezel

Zutaten

Teig

500 g Mehl Typ 405
1/2 Würfel Hefe (20 g)
50 ml Olivenöl
50 g Salami
100 g geraspelter Pizzakäse
1/2 gewürfelte kleine Zwiebel
50 g kleingeschnittene Champignons
1 TL Pizzagewürz
1 TL Salz
220–250 ml warmes Wasser

Verzierung

50 g geraspelter Pizzakäse
Pizza-Gewürz

Backblech

Fett oder
Backpapier

Zubereitung

1 Das Mehl in eine Schüssel sieben und in der Mitte eine Mulde eindrücken. Die Hefe mit etwas warmem Wasser auflösen und in die Mehlmulde schütten.

2 Olivenöl, Salami, Pizzakäse, Zwiebel, Champignons, Salz und Gewürz auf dem Mehlrand verteilen. Zugedeckt ca. 15 Min. ruhen lassen.

3 Das restliche warme Wasser dazugeben und zu einem glatten Teig kneten. Den Teig in 8–10 Stücke teilen und nochmals zugedeckt ca. 10 Min. ruhen lassen.

4 Den Backofen auf 180 Grad C (Umluft: 160 Grad C) vorheizen. Das Backblech fetten oder mit Backpapier auslegen.

5 Brezeln formen und auf das Backblech legen. Mit Pizzakäse und Gewürz bestreuen und auf der mittleren Schiebeleiste ca. 15–20 Min. backen. Am besten noch warm servieren.

Ergibt
8 bis 10 Pizzabrezeln

Briochebrezel

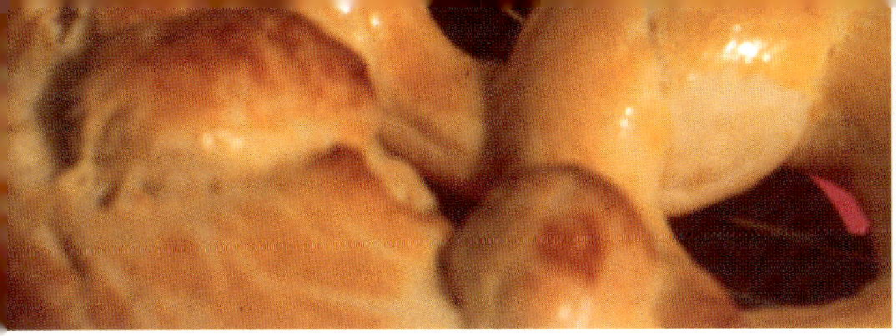

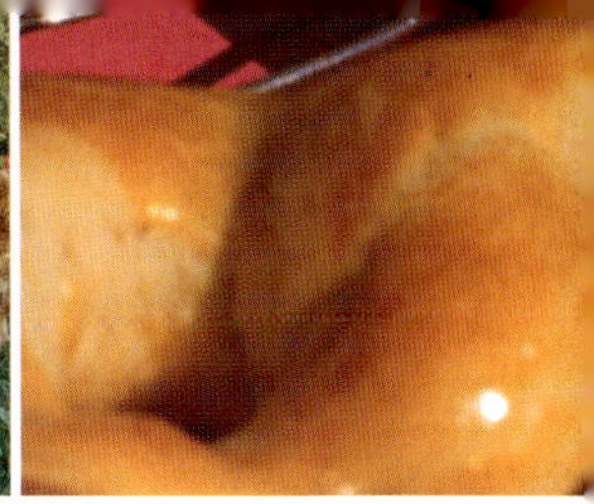

herzhaft

Zutaten

Teig

500 g Mehl Typ 405
1 Würfel Hefe (42 g)
50 ml warme Milch
3 Eier
1/2 TL Salz
1 EL Zucker
200 g Butter

Verzierung

1 Eigelb
2 EL Kondensmilch oder Sahne

Backblech

Fett oder Backpapier

Zubereitung

1 Das Mehl in eine Schüssel sieben und in der Mehlmitte eine Mulde eindrücken. Hefe in warmer Milch auflösen und in die Mehlmulde schütten. Zugedeckt ca. 15 Min. ruhen lassen.

2 Eier, Salz, Zucker und in Stücke geschnittene Butter dazugeben. Alles gut zu einem glatten Teig kneten. Den Teig in 12–15 Stücke teilen und nochmals zugedeckt 20 Min. ruhen lassen.

3 Den Backofen auf 180 Grad C (Umluft: 160 Grad C) vorheizen. Das Backblech fetten oder mit Backpapier auslegen.

4 Aus 10–12 Teilen Brezeln formen und auf das Backblech legen. Mit dem Finger je 3 Vertiefungen eindrücken.

5 Aus dem Rest des Teiges kleine Kugeln formen und in die Vertiefungen legen.

6 Eigelb mit Kondensmilch oder Sahne verrühren und die Brezeln mit dem Pinsel bestreichen.

7 Auf der mittleren Schiebeleiste 15–20 Min. backen. Vorsichtig vom Backblech nehmen und abkühlen lassen.

Ergibt 10 bis 12 Briochebrezeln

Gespritzte Brezel

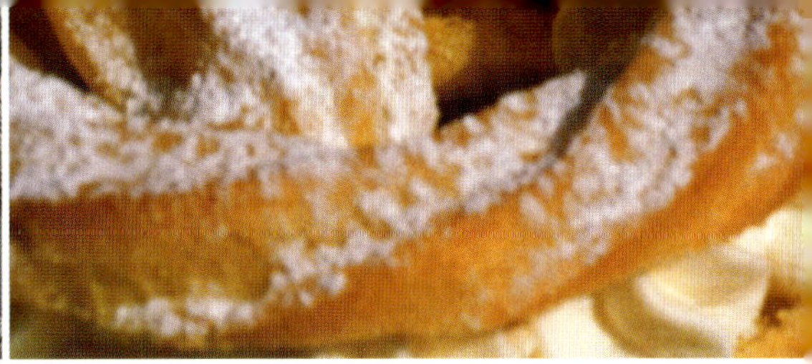

Zutaten

Teig

250 ml Wasser
60 g Butter
1 Prise Salz
Schale von 1/2 ungespritzten Zitrone
200 g Mehl Typ 405
3 große oder 4 kleine Eier

Verzierung

500 ml Sahne
60 g Zucker
2 Päckchen Vanillezucker
Puderzucker

Backblech

Fett oder
Backpapier

Zubereitung

1 Den Backofen auf 200 Grad C (Umluft: 180 Grad C) vorheizen. Das Backblech fetten oder mit Backpapier auslegen.

2 Das Wasser mit Butter, Salz und abgeriebener Zitronenschale zum Kochen bringen. Das Mehl sieben und die gesamte Menge in die Flüssigkeit schütten und gut rühren, bis sich der Teig als feste Masse vom Topf löst. Den Teig etwas abkühlen lassen.

3 Die Eier einzeln und zügig unterrühren (braucht allerdings etwas Kraft), wobei das jeweils nächste Ei erst eingeschlagen werden darf, wenn sich das vorige völlig mit dem Teig verbunden hat. Der Teig muss nun goldgelb, glatt und glänzend sein.

4 Aus dem Teig mit einem Spritzbeutel (Stern-Tülle) 6–8 einzelne Brezeln mit entsprechendem Abstand auf das Blech spritzen. Auf der zweiten (Umluft: mittlere) Schiebeleiste 15–20 Min. backen. Den Backofen keinesfalls zu früh öffnen, um ein Zusammensinken der Brezeln zu vermeiden.

5 Die Brezeln auf dem Backblech etwas abkühlen lassen und noch warm quer durchschneiden.

6 Sahne mit Zucker und Vanillezucker steifschlagen und mit einem Spritzbeutel auf die untere Brezelhälfte aufspritzen. Die obere Brezelhälfte aufsetzen und mit Puderzucker besieben.

Ergibt 6 bis 8
Gespritzte Brezeln

Herzbrezel

süß

Zutaten

Teig

400 g Weißmehl
100 g Speisestärke
1 TL Zimtpulver
200 g Puderzucker
200 g Butter
4 Eigelb
Saft von 1 kleinen Orange

Verzierung

50 ml Rotwein
120 g Puderzucker
etwas rote Lebensmittelfarbe
Zuckerperlen

Backblech

Fett oder Backpapier

Zubereitung

1 Butter, Eigelb und Puderzucker schaumig rühren, den Orangensaft zugeben und mitrühren.

2 Mit Mehl, Speisestärke und Zimt zu einem Teig kneten und zugedeckt 1–2 Stunden im Kühlschrank ruhen lassen.

3 Den Backofen auf 180 Grad C (Umluft: 160 Grad C) vorheizen. Das Backblech fetten oder mit Backpapier auslegen.

4 Den Teig je nach Brezelgröße in 10–20 Stücke teilen und zu Herzbrezeln formen.

5 Die Brezeln auf das Backblech legen und auf der mittleren Schiebeleiste 12–15 Min. backen.

6 Rotwein, Puderzucker und Lebensmittelfarbe verrühren. Die gebackenen und abgekühlten Brezeln vorsichtig auf ein Gitter legen und mit der Glasur eine Brezel nach der anderen bestreichen und jeweils sofort mit Zuckerperlen bestreuen.

Ergibt 10 bis 20 Herzbrezeln

Rosenbrezel

Zutaten

Teig

300 g Mehl Typ 405
1 Würfel Hefe (42 g)
120 – 150 ml warme Milch
80 g Zucker
120 g Butter oder Margarine
1 Prise Salz
2 Eier
200 g gemahlene Mandeln
1 EL Rosenwasser

Verzierung

100 g Puderzucker
30 ml Rosenwasser

Backblech

Fett oder
Backpapier

Zubereitung

süß

1 Das Mehl in eine Schüssel sieben und in der Mehlmitte eine Mulde eindrücken. Die Hefe in etwas warmer Milch auflösen und in die Mulde schütten. Den Zucker und die in Stücke geschnittene Butter auf dem Mehlrand verteilen. Zugedeckt ca. 15 Min. ruhen lassen.

2 Die restliche warme Milch, Salz, Eier, Mandeln und Rosenwasser dazugeben und zu einem glatten Teig kneten. Den Teig in 15–20 Stücke teilen und nochmals zugedeckt ca. 10 Min. ruhen lassen.

3 Den Backofen auf 180 Grad C (Umluft: 160 Grad C) vorheizen. Das Backblech fetten oder mit Backpapier auslegen. Aus den Teigstücken Brezeln formen und auf das Backblech legen. Auf der mittleren Schiebeleiste 10–15 Min. backen.

4 Den Puderzucker mit Rosenwasser verrühren und die noch warmen Brezeln bestreichen, vorsichtig vom Backblech nehmen und abkühlen lassen.

Ergibt
15 bis 20
kleinere Rosen-
brezeln

Linzer Brezel

Zutaten

Teig

200 g Mehl Typ 405
1 TL Kakaopulver
1 TL gemahlener Zimt
1 Messerspitze gemahlene Nelkenblüten
200 g gemahlene Mandeln
175 g Zucker
1 Päckchen Vanillezucker
130 g Butter
1 Ei
1/2 Schnapsglas Kirschwasser
100 g Himbeermarmelade

Verzierung

50 g Puderzucker
schmale Papierstreifen

Backblech

Fett oder
Backpapier

Zubereitung

süß

1 Mehl, Kakaopulver, Zimt und Nelkenblüten auf ein Backbrett sieben. Mandeln, Zucker und Vanillezucker darüberstreuen. In der Mitte eine Mulde formen, Butterstückchen auf dem Mehlrand verteilen. Ei, Kirschwasser und Himbeermarmelade in die Mulde geben. Alles rasch zu einem Teig kneten.

2 Den Teig in 12–18 Stücke teilen und im Kühlschrank zugedeckt ca. 2 Stunden ruhen lassen.

3 Den Backofen auf 180 Grad C (Umluft: 160 Grad C) vorheizen. Das Backblech fetten oder mit Backpapier auslegen.

4 Aus den Teigstücken Brezeln formen und auf das Backblech legen. Auf der mittleren Schiebeleiste 15–20 Min. backen. Auf dem Backblech völlig erkalten lassen und mit Hilfe einer Palette o. ä. vorsichtig herunternehmen.

5 Über die gebackenen Brezeln in Karoform Papierstreifen legen und dick mit Puderzucker bestreuen.

Ergibt
12 bis 18 kleinere
Linzer Brezeln

Schwedische Brezel

Zutaten

Teig

300 g Mehl Typ 405
50 g Zucker
2 Eigelb
130 g Butter
30 g Hefe
50–70 ml warme Milch

Verzierung

3 EL Rum
100 g Puderzucker
100 g Kokosflocken

Backblech

Fett oder
Backpapier

Zubereitung

süß

1 Das Mehl in eine Schüssel sieben und in der Mehlmitte eine Mulde eindrücken. Die Hefe in etwas warmer Milch auflösen und in die Mulde schütten. Zucker, Eigelb und in Stücke geschnittene Butter auf dem Mehlrand verteilen und zugedeckt ca. 15 Min. ruhen lassen.

2 Die restliche warme Milch dazugeben und zu einem glatten Teig kneten. Den Teig in 5–6 Stücke teilen und nochmals zugedeckt ca. 10 Min. ruhen lassen.

3 Den Backofen auf 180 Grad C (Umluft: 160 Grad C) vorheizen. Das Backblech fetten oder mit Backpapier auslegen.

4 Aus den Teigstücken Brezeln formen und auf das Backblech legen. Auf der mittleren Schiebeleiste 10–12 Min. hell backen.

5 Den Puderzucker mit Rum verrühren und die Brezeln mit der Zuckerglasur bestreichen. Danach Kokosflocken darüber streuen und vorsichtig vom Backblech nehmen. Auskühlen lassen.

Ergibt
5 bis 6 Schwedische
Brezeln

Schoko-Bananen-Brezel

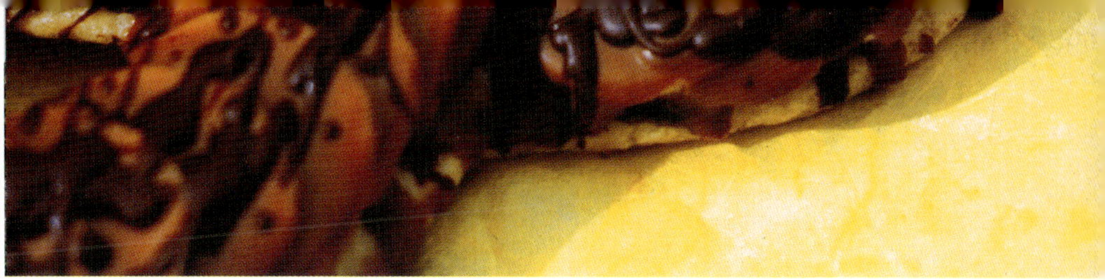

Zutaten

Teig

350 g Mehl Typ 405
175 g Butter
85 g Zucker
1 Prise Salz
2 Eier

Verzierung

Schoko-Nuss-Aufstrich
6–8 Bananen
Saft 1/2 Zitrone
150 g Vollmilch-Schokoladenglasur
150 g Zartbitter-Schokoladenglasur

Backblech

Fett oder Backpapier

Zubereitung

süß

1 Butter, Zucker und Eier schaumig rühren. Mehl und Salz dazugeben und zu einem Teig kneten. Zugedeckt 1–2 Stunden im Kühlschrank ruhen lassen.

2 Den Backofen auf 180 Grad C (Umluft: 160 Grad C) vorheizen. Das Backblech fetten oder mit Backpapier auslegen.

3 Den Teig in 6–8 Stücke teilen, ausrollen und gleich auf dem Backblech in Brezelform ohne Knoten legen und platt drücken. Auf der mittleren Schiebeleiste 10–12 Min. backen.

4 Auf dem Backblech erkalten lassen und mit Schoko-Nuss-Aufstrich bestreichen.

5 Die Schokoladenglasuren getrennt im Wasserbad erwärmen. Die Bananen in Scheiben schneiden, die Brezeln damit belegen und mit Zitronensaft bestreichen oder beträufeln.

6 Mit heller oder dunkler Schokoladenglasur bestreichen und mit der jeweils anderen Glasur verzieren.

Ergibt 6 bis 8 Schoko-Bananen-Brezeln

Meringen-Brezel

Zutaten

Masse

Eiweiß von 4 Eiern
1 EL Zitronensaft
100 g Puderzucker
20 g Speisestärke
100 g Zucker

Backblech

Backpapier

Zubereitung

süß

1 Eiweiß und Zitronensaft sehr steif schlagen. Puderzucker und Speisestärke sieben, mit dem Zucker vermischen und beim Weiterschlagen des Eiweißes einrieseln lassen.

2 Den Backofen auf 100 Grad C (Umluft: 80 Grad C) vorheizen. Das Backblech mit Backpapier auslegen.

3 Die Meringenmasse mit einem Spritzbeutel tupfenweise zu 6 Brezeln direkt auf das Backblech aufspritzen.

4 Auf der mittleren Schiebeleiste ca. 3 Stunden trockenbacken. Die Backofentür muss dabei einen schmalen Spalt geöffnet sein (evtl. den Kochlöffel in die Backofentür klemmen).

5 Auf dem Backblech abkühlen lassen und vorsichtig herunternehmen.

Ergibt
6 Meringen-
Brezeln

Schwarzwälder Brezel

süß

Zutaten

Teig

300 g Mehl Typ 405
1 1/2 EL Kakaopulver
1 TL Backpulver
1/2 TL Natron
60 g Schokostückchen
2 Eier
120 g brauner Zucker
100 g Butter

Verzierung

8 EL Kirschwasser
200 ml Sahne
etwas Zucker
Kirschen
Schokoraspel

Backblech

Fett oder
Backpapier

Zubereitung

1 Das Backblech fetten oder mit Backpapier auslegen. Den Backofen auf 180 Grad C (Umluft: 160 Grad C) vorheizen.

2 Mehl und Kakaopulver in eine Schüssel sieben und mit Backpulver und Natron vermischen.

3 Schokostückchen, Eier, Zucker und in Stücke geschnittene Butter dazugeben und alles zu einem Teig durchkneten.

4 Den Teig in 6 Stücke teilen, ausrollen und Brezeln formen. Die Brezeln jeweils gleich aufs Backblech legen.

5 Auf der mittleren Schiebeleiste ca. 10–15 Min. backen.

6 Die Brezeln mit Kirschwasser beträufeln, vom Backblech nehmen und völlig auskühlen lassen.

7 Die Sahne mit etwas Zucker steif schlagen. Sahnerosetten auf die Brezeln spritzen und mit Kirschen und Schokoraspel verzieren.

Ergibt
6 Schwarzwälder
Brezeln

Beschwipste Apfelbrezel

Zutaten

Teig

300 g Mehl Typ 405
1 EL Backpulver
120 g brauner Zucker
1 Ei
2 EL Mandellikör
100 g Butter
100 g Frischkäse
100 g gehackte Mandeln
1 TL Zimt
120 g geraspelte säuerliche Äpfel

Verzierung

50 ml Mandellikör oder Apfelsaft
120 g Puderzucker
24 ganze Mandeln

Backblech

Fett oder Backpapier

Zubereitung

1 Butter, Zucker und Ei mit dem Rührgerät schaumig rühren. Mandellikör dazugeben und verrühren.

2 Mit gesiebtem Mehl und Backpulver, Frischkäse, Mandeln, Zimt und Äpfel zu einem Teig kneten. Zugedeckt 1–2 Stunden im Kühlschrank ruhen lassen.

3 Den Backofen auf 180 Grad C (Umluft: 160 Grad C) vorheizen. Das Backblech fetten oder mit Backpapier auslegen. Den Teig in 6–8 Stücke teilen, ausrollen und zu Brezeln formen.

4 Die Brezeln auf das Backblech legen und auf der mittleren Schiebeleiste ca. 10–15 Min. backen.

5 Likör oder Apfelsaft mit Puderzucker verrühren.

6 Die Brezeln vorsichtig auf ein Gitter legen und mit der Zuckerglasur bestreichen. Die Mandeln etwas anschneiden und in die noch weiche Glasur leicht eindrücken.

Ergibt
6 bis 8 Beschwipste
Apfelbrezeln

Karottenbrezel

Zutaten

Teig

300 g Mehl Typ 405
1 EL Backpulver
120 g Zucker
1 Ei
1 EL Rum
100 g Butter
120 g Quark
100 g gehackte Mandeln
120 g geraspelte Möhren

Verzierung

100 g Puderzucker
3 EL Rum
100 g gehobelte Mandeln

Backblech

Fett oder
Backpapier

Zubereitung

süß

1 Den Backofen auf 180 Grad C (Umluft: 160 Grad C) vorheizen. Das Backblech fetten oder mit Backpapier auslegen.

2 Mehl und Backpulver in eine Schüssel sieben. Zucker, Ei, Rum, in Stücke geschnittene Butter, Quark, Mandeln und Möhren dazugeben und alles zu einem glatten Teig kneten.

3 Den Teig in 8–10 Stücke teilen. Zügig zu Brezeln formen und auf das Backblech legen. Auf der mittleren Schiebeleiste 10–15 Min. backen.

4 Puderzucker mit Rum verrühren und die Brezeln bestreichen. Mit den gehobelten Mandeln bestreuen.

Ergibt 8 bis 10 Karottenbrezeln

Aus dem Teig die Form schlingen

1 Der vorbereitete Teig ist gut „gegangen“. Vom Teig jetzt etwa gleich große Stücke abziehen.

2 Die Teigstücke in der flachen Hand zu Kugeln formen.

3 Die Teigkugeln gleich abdecken um ein Antrocknen der Oberfläche zu vermeiden.

4 Mit beiden Händen die Teigkugel strangförmig ausrollen. Dabei den mittleren Teil dicker lassen und nach beiden Seiten hin immer dünner auslaufen lassen.

5 Der Strang sollte ungefähr 50–60 cm lang sein.

6 Mit beiden Händen je ein Strangende fassen und überkreuzen.

7 Die Stränge ein weiteres Mal überkreuzen. Durch diese weitere Drehung entsteht der Brezelknoten.

8 Die beiden Enden an den Brezelrundungen anlegen, leicht andrücken und aufs Backblech legen.

Die Laugenherstellung

1 Die fertigen Brezeln mit einem Tuch abdecken, bis alle geformt sind und auf dem Backblech liegen.

Laugenherstellung Nr. 1:

2 Milch oder Wasser in einem Kochtopf zum Kochen bringen und vom Herd nehmen. Die entsprechende Menge Natron dazugeben.

3 Natron mit dem Löffel einrühren. Achtung: Die Lauge schäumt die Milch auf und soll sofort verwendet werden!

4 Mit einem Pinsel die Brezeln gleichmäßig bestreichen

5 Die Teigoberfläche am dicken Teil der Brezel mit einem sehr scharfen Messer tief einschneiden.

6 Die Brezeln mit Salz bestreuen und sofort in den vorgeheizten Backofen schieben.

Laugenherstellung Nr. 2:

7 1 l kochendes Wasser mit 3 EL Natron gut aufkochen.

8 Brezel auf einem Sieb ca. 30 Sek. tunken, sofort aufs gefettete Backblech legen (weiter mit Punkt 5 + 6).

Was Sie wissen müssen

Hefe

Kaufen Sie immer frische Hefe. Sie muss recht fest sein und sich beim Gebrauch leicht zerbröckeln lassen.
Verwenden Sie Trockenhefe, so entspricht hier 1 Päckchen in der Regel 1/2 Würfel Frischhefe (Anwendung wie auf der Packung angegeben).

Mehl

Weizenmehl Typ 405 können Sie für die Rezepte auch mit Mehl Typ 550 austauschen.
Das Mehl immer trocken lagern und es für besseres Gelingen vor dem Gebrauch sieben.

Backen

Für das Backen von Hefegebäck ist das Vorheizen des Ofens sehr wichtig. Für ein besseres Aufgehen des Gebäcks kann man ein Backblech im Ofen mit vorwärmen, in welches Sie dann beim Einschieben der Brezeln ca. 100 ml kaltes Wasser schütten. Die Ofentüre gleich wieder schließen. Durch das feucht-heiße Klima im Ofen wird der Aufgehvorgang des Hefegebäcks unterstützt. Bei den Temperatur- und Backzeitangaben berücksichtigen Sie bitte die Erfahrungswerte mit Ihrem eigenen Backofen.

Lauge

Die Laugenherstellung ist ganz einfach. Mit Kaiser-Natron selbst hergestellt und korrekt angewendet, hat diese Backlauge nichts mit den tatsächlich gefährlichen und ätzenden (leider namensähnlichen) Natron-Laugen, Ätznatron oder Soda zu tun, die eine andere Zusammensetzung haben.
Beachten Sie stets die Angaben des Herstellers auf der Packung.

Laugenherstellung Nr. 1

Wer sich vor dem Aufkochen der Brezel scheut, kann das Natron in etwas kochender Milch oder in Wasser auflösen und mit dem Pinsel auftragen.

Laugenherstellung Nr. 2

Bei den im Laugenwasser aufgekochten Brezeln bildet sich die typische Brezelhaut, die sehr gewünscht ist.

Natron

Wir empfehlen Ihnen Natron der Firma Holste: „*Kaiser-Natron*“.

Unser besonderer Dank
gilt der Firma Holste,
Bielefeld

FINDLING
Buchverlag Lüneburg

Findling Buchverlag Lüneburg GmbH, D-21339 Lüneburg
www.findling-buchverlag.com

ISBN 13: 978-3-937054-97-1
ISBN 10: 3-937054-97-9

1. Auflage 2006

Text: Hanna Renz
Fotografie: Ulrich Renz
Druck: sachsendruck, Plauen

süß